CATALOGUE

DES

# ANCIENNES FAIENCES DE ROUEN

A DÉCORS JAUNE D'OCRE

POLYCHROME, BLEU, BLEU ET ROUILLE

Grandes Plaques, Plats, Assiettes, Pièces de forme

FAIENCES DIVERSES

PORCELAINES

De Rouen, de Chantilly, de Saint-Cloud, de Sèvres, de Tournay, etc.

DE LA CHINE, DU JAPON ET DE LA Cie DES INDES

***Bel émail par Léonard Limousin***

COMPOSANT

LA COLLECTION DE FEU M. EVELYN WADDINGTON

ET DONT LA VENTE AURA LIEU

HOTEL DROUOT, SALLE N° 6

**Les Lundi 25 et Mardi 26 Mars 1895**

A DEUX HEURES

COMMISSAIRES-PRISEURS

Me J. BONNIN
62, rue Taitbout, 62

Me P. CHEVALLIER
10, rue de la Grange-Batelière, 10

EXPERT

M. CHARLES MANNHEIM
7, rue Saint-Georges, 7

EXPOSITIONS

PARTICULIÈRE : *Le Samedi 23 Mars 1895*

PUBLIQUE : *Le Dimanche 24 Mars 1895*

DE UNE HEURE ET DEMIE A CINQ HEURES ET DEMIE

## CONDITIONS DE LA VENTE

Elle sera faite *expressément* au comptant.

Les Acquéreurs payeront CINQ POUR CENT en sus des adjudications.

L'Exposition mettant le public à même de se rendre compte de l'état des objets, il ne sera admis aucune réclamation une fois l'adjudication prononcée.

Paris. — Imprimerie de l'Art, E. MOREAU et Cie, 41, rue de la Victoire.

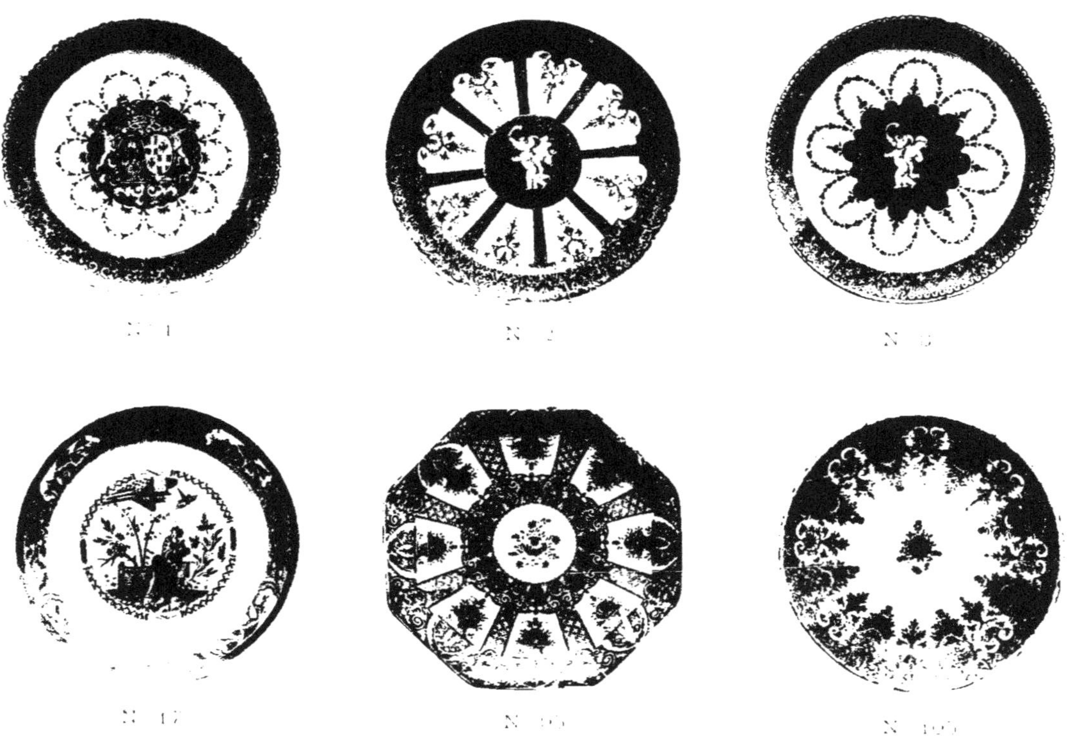

N° 1 — N° 2 — N° 3

N° 17 — N° [illegible] — N° [illegible]

*Phototypie Berthaud, Paris.*

III

# DÉSIGNATION DES OBJETS

## FAIENCES DE ROUEN

### DÉCOR A FOND D'OCRE JAUNE

1 — Très belle assiette en ancienne faïence de Rouen à bordure jaune d'ocre niellé de noir; au centre les armoiries de Saint-Evremond soutenues par deux lions héraldiques, se détachant sur un fond jaune d'ocre et entourées de guirlandes bleues.

Reproduite dans l'*Histoire de la faïence de Rouen*, par Pottier.

Diam., 24 cent.

2 — Belle assiette en ancienne faïence de Rouen, présentant au centre un médaillon décoré de deux amours émaillés bleu sur fond jaune d'ocre niellé de noir et relié par des rayons de même couleur à la bordure également jaune d'ocre et niellée de noir avec pendentifs bleu et rouille.

Diam., 25 cent.

3 — Belle assiette en ancienne faïence de Rouen offrant une rosace centrale décorée du même groupe d'amours que la précédente, sur fond jaune d'ocre niellé de noir et entourée de guirlandes bleues; bordure également jaune d'ocre niellé de noir.

Reproduite dans l'*Histoire de la faïence de Rouen*, par Pottier.

Diam., 24 cent.

4 — Sucrière en forme de balustre sur piédouche et à couvercle ajouré en ancienne faïence de Rouen décorée de zones de rinceaux et de quadrillés émaillés noir sur fond d'ocre jaune et séparées par une zone de quadrillés et de palmettes rouille sur fond bleu.

Haut., 26 cent.

## FAIENCES DE ROUEN

### DÉCOR POLYCHROME

5 — Trois belles plaques oblongues en ancienne faïence de Rouen, représentant le Printemps, l'Été et l'Automne figurés chacun par deux personnages en tenant les attributs et placés dans des paysages en camaïeu bleu. Encadrement en relief orné de quadrillés, de cornes d'abondance, de fleurs et d'insectes polychromes.

Haut., 60 cent.; larg., 50 cent.

6 — Très beau et grand plat rond en ancienne faïence de Rouen à décor polychrome, par *Leleu*. Signé à gauche. Milieu du XVIII^e siècle. Le fond présente le sujet de Judith tranchant la tête d'Holopherne et l'enfermant dans un sac que lui tend une suivante ; le marli est orné d'une course de rinceaux fleuris sur fond pointillé bleu, avec réserves contenant des signes du Zodiaque et des attributs variés.

Diam., 56 cent.

7 — Très beau et grand plat rond en ancienne faïence de Rouen à décor polychrome : au fond, le sujet de Jésus et la Samaritaine : le marli présente une course de branchages, de fleurs et de fruits avec étroite bordure à fond d'ocre jaune. Par *Leleu*, non signé.

Diam., 58 cent.

8 — Beau plat creux en ancienne faïence de Rouen, par *Guillibeaux*; à décor polychrome : au fond, une gerbe de branches fleuries ; à la chute, un quadrillage semé de fleurettes et interrompu par quatre réserves dont trois contiennent des fleurs et la quatrième les armes des Montmorency-Luxembourg. Signé au revers.

Diam., 35 cent.

[illegible], Paris.

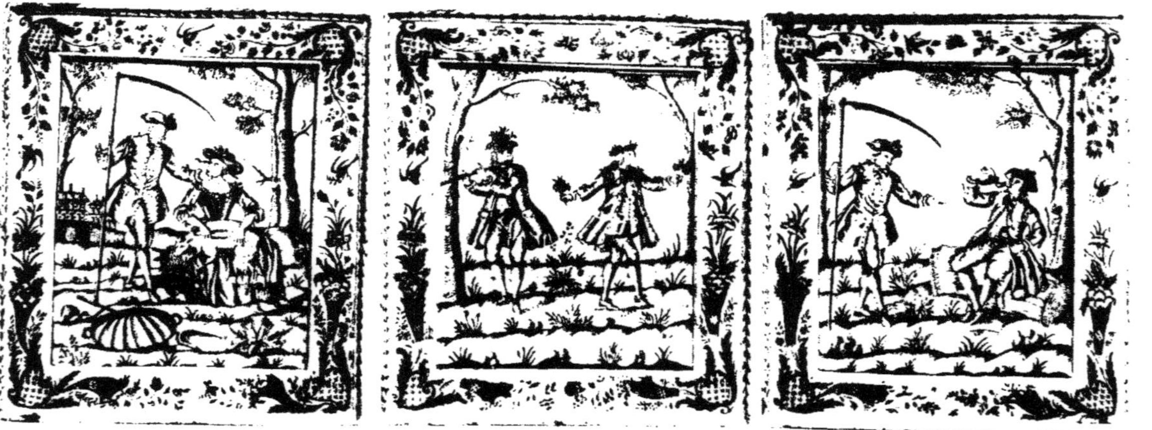

Phototypie Berthaud, Paris.

9 — Grand plateau oblong à angles coupés en ancienne faïence de Rouen, à décor polychrome ; le fond est occupé par un paysage animé de personnages et d'oiseaux de style chinois ; le marli est orné d'un quadrillage interrompu par des paysages aux angles et par un double écusson armorié timbré d'une couronne de comte, à la partie supérieure.

Il forme le dessus d'un guéridon en bois noir.

Haut., 47 cent. ; larg., 60 cent.

10 — Support-applique en ancienne faïence de Rouen, à décor polychrome, décoré de guirlandes de fleurs, de mufles de lions, de palmettes, de pendentifs de fleurs et de feuillages.

Haut., 60 cent.

11 — Bassin rond en ancienne faïence de Rouen, à décor polychrome de style japonais : Scène familiale au fond, chrysanthèmes, branches fleuries et compartiments quadrillés à la chute.

Diam., 37 cent.

12 — Assiette en ancienne faïence de Rouen, à décor polychrome ; au fond, un amour assis sur une corbeille de fleurs ; au marli, vases alternant avec de petits pendentifs fleuris.

Diam., 23 cent.

13 — Assiette en ancienne faïence de Rouen, à décor polychrome ; au fond, deux bateleurs montrant des chiens savants ; au marli, étroite bordure interrompue par un écusson armorié timbré d'une couronne de marquis.

Diam., 24 cent.

14 — Assiette en ancienne faïence de Rouen, à décor polychrome ; au fond, corbeille de fleurs ; marli orné de corbeilles et de guirlandes de fleurs.

Diam., 23 cent.

15-16 — Deux assiettes semblables en ancienne faïence de Rouen, à décor polychrome, présentant en plein une composition de trois personnages dans un paysage de style chinois.

Diam., 24 cent.

17-18 — Deux assiettes semblables en ancienne faïence de Rouen, à décor polychrome de style chinois: au fond, médaillon circulaire contenant un paysage avec personnage; marli orné de réserves de paysages sur fond vermiculé rouge.

Diam., 23 cent.

19-20 — Deux assiettes analogues à bords festonnés en ancienne faïence de Rouen, à décor polychrome : motifs rocaille et fleurs.

Diam., 25 cent.

21 — Assiette en ancienne faïence de Rouen, à décor polychrome; au fond, un vase contenant une grenade; marli orné de cornes d'abondance, de quadrillés et de rinceaux rocaille.

Diam., 25 cent.

22 — Assiette en ancienne faïence de Rouen, à décor polychrome: au centre, corbeille de fleurs; au marli, compartiments de quadrillés reliés par des rinceaux et des guirlandes de fleurs.

Diam., 25 cent.

23 — Assiette en ancienne faïence de Rouen, à décor polychrome : au centre, corbeille de fruits; au marli, sept compartiments contenant des rinceaux et séparés par des palmettes rouille sur fond bleu.

Diam., 24 cent.

24 — Assiette en ancienne faïence de Rouen, à décor polychrome; composition de style chinois: personnages, kiosque et fleurs.

Diam., 25 cent.

25 — Assiette en ancienne faïence de Rouen, à décor polychrome, ornée d'une réserve à paysage, d'un vase de fleurs et d'une corne d'abondance.

Diam., 25 cent.

26 — Assiette en ancienne faïence de Rouen, à décor polychrome, ornée de deux oiseaux sur une branche fleurie.

Diam., 25 cent.

Phototypie Berthaud, Paris.

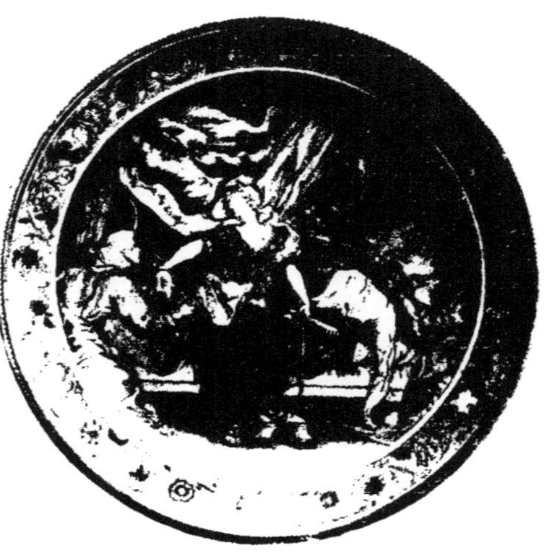

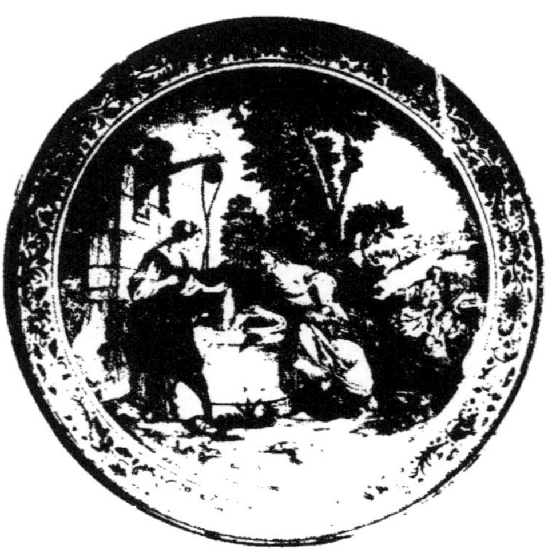

Phototypie Berthaud, Paris.

27 — Assiette en ancienne faïence de Rouen, à décor polychrome : au fond, haie fleurie de style japonais ; marli orné d'un lambrequin.

Diam., 25 cent.

28 — Assiette en ancienne faïence de Rouen, à décor polychrome à la haie fleurie, avec lambrequin au marli.

Diam., 24 cent.

29 — Assiette en ancienne faïence de Rouen, à décor polychrome, de dragons, rouleaux et brûle-parfums, de style chinois.

Diam., 24 cent.

30 — Assiette creuse en ancienne faïence de Rouen : au centre, un amour endormi ; au marli, étroite bordure à fond jaune d'ocre.

Diam., 24 cent.

31 — Assiette en ancienne faïence de Rouen, à décor polychrome : bouquets de fleurs.

Diam., 26 cent.

32 — Assiette en ancienne faïence de Rouen, à décor polychrome : le Père éternel, le Christ et le Saint-Esprit. Datée 1744.

Diam., 24 cent.

33 — Compotier à bords festonnés en ancienne faïence de Rouen, à décor polychrome : au fond, corbeille et cornes d'abondance ; au marli, bordure de lambrequin.

Diam., 25 cent.

34 — Compotier octogone en ancienne faïence de Rouen, décor polychrome à la pagode, bordure de quadrillés avec réserves contenant des crevettes.

Diam., 20 cent.

35 — Compotier octogone en ancienne faïence de Rouen, à décor polychrome de style chinois : personnages dans un paysage.

Diam., 20 cent.

36 — Deux petits compotiers semblables en ancienne faïence de Rouen, à décor polychrome de deux personnages assis au milieu d'arbustes fleuris.

Diam., 18 cent.

37 — Plat en ancienne faïence de Rouen, à décor polychrome : au centre, corbeille de fleurs ; au marli, lambrequin dont les pendentifs et les guirlandes retombent jusque sur le fond du plat.

Diam., 46 cent.

38 — Plateau oblong à bords festonnés en ancienne faïence de Rouen, à décor polychrome de réserves de fleurs et de chrysanthèmes sur fond bleu.

Haut., 29 cent.; larg., 40 cent.

39 — Cache-pot cylindrique en ancienne faïence de Rouen : décor polychrome de corbeilles de fleurs séparées par des motifs quadrillés.

Haut., 16 cent.; diam., 19 cent.

40 — Cache-pot cylindique en ancienne faïence de Rouen, à décor polychrome : réserves de paysages et de guirlandes de fleurs sur fond gros bleu chargé de palmettes.

Haut., 16 cent.

41 — Bannette à bords festonnés en ancienne faïence de Rouen : décor polychrome de branches fleuries.

Haut., 29 cent.; larg., 43 cent.

42 — Bannette à bords contournés en ancienne faïence de Rouen, à décor polychrome de fleurs.

Haut., 23 cent.; larg., 37 cent.

43 — Petite commode à trois tiroirs en ancienne faïence de Rouen, à décor polychrome de fleurs et d'oiseaux avec paysages en camaïeu bleu sur les côtés.

Haut., 17 cent.; larg., 21 cent.

44 — Salière en ancienne faïence de Rouen, à décor polychrome. Datée 1774.

Long., 12 cent.

45 — Gourde en ancienne faïence de Rouen, à décor polychrome : scène de chasse au buffle.

Haut., 24 cent.

46 — Porte-huilier en ancienne faïence de Rouen, à décor polychrome à la pagode ; il a été transformé en encrier au moyen d'une monture en cuivre.

Long., 18 cent.

47 — Petit soulier en ancienne faïence de Rouen, à décor polychrome de motifs rocaille.

Long., 15 cent.

48 — Deux petits souliers en ancienne faïence de Rouen, décorés de bandes et de branches fleuries émaillées jaune d'ocre, noir, et rouille.

Long., 14 cent.

49-50 — Deux assiettes analogues en ancienne faïence de Rouen, à décor polychrome au carquois.

Diam., 23 et 25 cent.

51 — Plat à bords festonnés en ancienne faïence de Rouen à décor polychrome au carquois : lambrequin au marli.

Diam., 34 cent.

52 — Plat à bords festonnés en ancienne faïence de Rouen, à décor polychrome au carquois : marli orné d'un étroit lambrequin.

Diam., 40 cent.

53 — Plat creux à bords festonnés en ancienne faïence de Rouen à décor polychrome : au centre, arbustes fleuris ; au marli, lambrequin étroit.

Diam., 36 cent.

54 à 57 — Quatre assiettes creuses en ancienne faïence de Rouen à décor polychrome à la corne tronquée et à la haie fleurie.

Diam., 25 cent.

58 — Plat oblong à bords festonnés, en ancienne faïence de Rouen, à décor polychrome, à la corne tronquée avec oiseaux, insectes et haies fleuries.

Haut., 36 cent.; larg., 50 cent.

59 — Porte-huilier oblong à pans coupés en ancienne faïence de Rouen à décor polychrome à la haie fleurie et à la corne tronquée.

Haut., 16 cent., larg., 25 cent.

60 à 68 — Sept assiettes presque semblables en ancienne faïence de Rouen, à décor polychrome à la corne d'abondance.

Diam., 23 et 25 cent.

69 — Compotier à bords festonnés en ancienne faïence de Rouen, décor polychrome à la corne d'abondance.

Diam., 20 cent.

70 — Plat à bords festonnés en ancienne faïence de Rouen, à décor polychrome, à la double corne d'abondance.

Diam., 34 cent.

71 — Plat oblong à bords festonnés en ancienne faïence de Rouen; décor polychrome à la double corne d'abondance.

Haut., 32 cent., larg., 42 cent.

72 — Deux petits plats oblongs à bords festonnés, presque semblables, en ancienne faïence de Rouen; décor polychrome à la double corne d'abondance.

Haut., 25 cent.; larg., 34 cent.

73 — Plat à bords festonnés en ancienne faïence de Rouen, à décor polychrome à la double corne d'abondance avec oiseaux et insectes.

Diam., 37 cent.

74 — Deux petits plats creux à bords festonnés presque semblables, en ancienne faïence de Rouen; décor polychrome à la corne d'abondance.

Diam., 25 cent.

75 — Petit plat creux à bords festonnés en ancienne faïence de Rouen : décor polychrome à la corne d'abondance.

Diam., 25 cent.

76 — Petit plat creux à bords festonnés en ancienne faïence de Rouen : décor polychrome à la corne d'abondance.

Diam., 22 cent.

77 — Petit plat creux à bords festonnés en ancienne faïence de Rouen : décor polychrome à la corne d'abondance.

Diam., 18 cent.

78 — Bannette à bords contournés en ancienne faïence de Rouen : décor polychrome à la double corne d'abondance.

Haut., 28 cent.; larg., 46 cent.

79 — Légumier avec couvercle en ancienne faïence de Rouen, décor polychrome à la corne d'abondance.

Diam., 27 cent.

80 — Légumier avec couvercle en ancienne faïence de Rouen : décor polychrome à la double corne d'abondance.

Diam., 29 cent.

81 — Petit pot à eau avec son couvercle en ancienne faïence de Rouen à décor polychrome à la corne d'abondance.

Haut., 21 cent.

82 — Petit lustre-jardinière formé d'un couvercle en ancienne faïence de Rouen, à décor polychrome à la corne d'abondance et monté en bronze.

## FAIENCES DE ROUEN

### ATELIER DE LEVAVASSEUR

83 à 85 — Trois assiettes semblables en ancienne faïence de Rouen, atelier de Levavasseur, décorées chacune de trois oiseaux dans un paysage ; sur le marli, des roses et de petits compartiments quadrillés à fond vert.

Diam., 25 cent.

86 — Assiette en ancienne faïence de Rouen, atelier de Levavasseur, décorée d'une grosse fleur.

Diam., 24 cent.

87 — Petite assiette en ancienne faïence de Rouen, atelier de Levavasseur, à décor d'oiseaux posés sur un arbuste.

Diam., 19 cent.

88 — Plat oblong en ancienne faïence de Rouen, atelier de Levavasseur, décor de fleurs.

Haut., 29 cent.; larg., 50 cent.

## FAIENCES DE ROUEN

### DÉCOR BLEU ET ROUILLE

89 — Grand et curieux tableau oblong composé de carreaux en ancienne faïence de Rouen. Il représente, en camaïeu bleu, un cortège nuptial précédé de trois musiciens et composé de nombreux personnages. Aux angles, quatre écussons aux armes des ducs de Montmorency-Luxembourg. Bordure bleu et rouille composée de fleurs et de fleurs de lis alternant.

Haut., 50 cent., larg., 1 m. 16 cent.

Phototypie Berthaud, Paris.

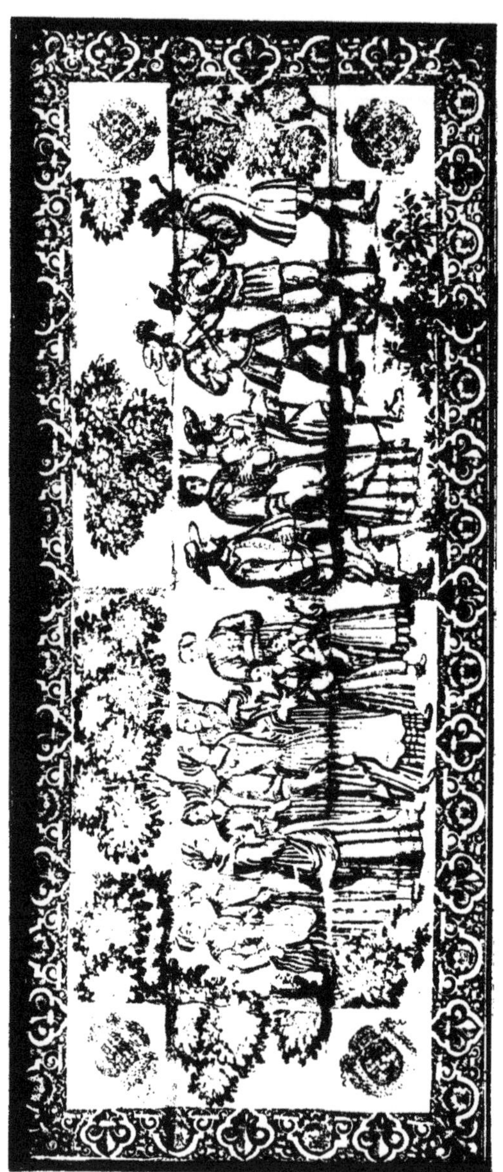

Phototypie Berthaud, Paris.

90 — Grand plat en ancienne faïence de Rouen, à décor bleu et rouille : au centre, un vase de fleurs ; au marli, lambrequins composés de fleurs et de quadrilles avec pendentifs retombant sur la chute.

Diam. 55 cent.

91 — Sucrière cylindrique à couvercle ajouré en ancienne faïence de Rouen, à décor bleu et rouille, de lambrequins et de guirlandes de fleurs.

Haut. [illegible] cent.

92 — Sucrier avec couvercle en ancienne faïence de Rouen, à décor bleu et rouille : lambrequins, palmettes et draperies.

Haut. [illegible] cent.

93 — Plateau octogone sur piédouche en ancienne faïence de Rouen, à décor bleu et rouille, présentant un double écusson armorié timbré d'une couronne de marquis. Au revers, marque A. B. attribuée à l'atelier de Guillibeaux.

Haut. et larg. 27 cent.

94 — Plateau octogone sur piédouche en ancienne faïence de Rouen, à décor rayonnant bleu et rouille : au centre, une rosace d'où naissent huit réserves ornées de rinceaux.

Reproduit dans l'*Histoire de la faïence de Rouen*, par Pottier.

Haut. et larg. 27 cent.

95 — Compotier octogone en ancienne faïence de Rouen, à décor rayonnant bleu et rouille, à huit réserves contenant des vases de fleurs.

Haut. et larg. [illegible] cent.

96 — Compotier rond en ancienne faïence de Rouen, à décor bleu et rouille : au centre, personnage assis ; à la chute, lambrequins à fonds quadrillés et carrelés.

Diam. 23 cent.

97 — Compotier rond en ancienne faïence de Rouen, à décor rayonnant bleu et rouille ; au centre, une rosace reliée par des filets bleus à la bordure formée de fleurettes et de draperies.

Diam., 23 cent.

98 — Assiette en ancienne faïence de Rouen, à décor bleu et rouille : au centre, une corbeille de fleurs ; au marli, lambrequins formés de réserves et de quadrillés alternant.

Diam., 24 cent.

99 — Assiette en ancienne faïence de Rouen, à décor bleu et rouille ; au centre, petite corbeille de fleurs ; au marli, guirlandes de fleurs alternant avec des pendentifs fleuris.

Diam., 24 cent.

100 — Assiette en ancienne faïence de Rouen, à décor bleu et rouille ; au centre, une corbeille de fleurs posée sur un motif de ferronnerie ; au marli, lambrequins composés de fleurs alternant avec des compartiments à fonds pointillés rouille.

Diam., 24 cent.

101-102 — Deux assiettes presque semblables en ancienne faïence de Rouen, à décor bleu et rouille ; au centre, petite corbeille de fleurs ; au marli, lambrequins composés de palmettes et de quadrillés chargés chacun d'une fleurette quadrilobée blanche.

Diam., 24 cent.

103-104 — Deux assiettes presque semblables en ancienne faïence de Rouen, à décor bleu et rouille : au centre, une fleurette ; au marli et à la chute, lambrequins formés de quadrillés et de palmettes avec pendentifs.

Diam., 23 cent.

105 à 107 — Trois assiettes semblables en ancienne faïence de Rouen, à décor bleu et rouille ; au centre, une fleurette ; au marli, lambrequins formés de palmettes alternant avec des compartiments quadrillés présentant chacun un petit motif quadrilobé bleu.

Diam., 24 cent.

108 — Assiette en ancienne faïence de Rouen, à décor bleu rehaussé de rouille de style chinois : personnages, rochers, arbustes et kiosque.

[illegible]

109 — Assiette en ancienne faïence de Rouen, à décor rayonnant bleu et rouille, avec pendentifs de fleurs au marli.

[illegible]

110 — Cache-pot cylindrique en ancienne faïence de Rouen à décor bleu et rouille : lambrequins avec pendentifs de fleurs.

[illegible]

111 — Bannette en ancienne faïence de Rouen à décor bleu et rouille : au centre, corbeille de fleurs et cornes d'abondance ; à la chute, lambrequin formé de vases de fleurs.

[illegible]

112 — Bannette oblongue à angles coupés en ancienne faïence de Rouen à décor bleu et rouille : au centre, une corbeille de fleurs ; à la chute, un lambrequin formé de quadrillés et de guirlandes de fleurs.

[illegible]

113 — Plaque quadrilobée en ancienne faïence de Rouen à décor bleu et rouille : corbeille de fleurs placée sur un motif de rinceaux, de guirlandes de fleurs et de deux figurines d'enfants nus ; bordure de fleurs et de pendentifs.

[illegible]

114 — Chandelier en ancienne faïence de Rouen à décor bleu et rouille de rinceaux, de feuilles et de quadrillés, présentant un écusson armorié, d'azur au chevron d'or accompagné de trois merlettes d'argent.

Haut., 19 cent.

115 — Flacon cylindrique en ancienne faïence de Rouen à décor bleu et rouille : compartiments de corbeilles de fleurs et de pendentifs.

Haut., 13 cent.

116 — Sucrière en ancienne faïence de Rouen à décor bleu et rouille : compartiments de bouquets de fleurs. Le couvercle manque.

Haut., 11 cent.

117-118 — Deux hanaps-casques, presque semblables, en ancienne faïence de Rouen à décor bleu et rouille : palmettes, coquilles et rinceaux avec mascarons en relief sous le bec.

Haut., 27 cent.

119 — Porte-huilier oblong en ancienne faïence de Rouen à décor bleu et rouille : fleurs et quadrillés.

Haut., 16 cent.; larg., 23 cent.

120 — Bourdaloue en ancienne faïence de Rouen à décor bleu et rouille de lambrequins ; à la partie antérieure, écusson armorié.

Long., 21 cent.

## FAIENCES DE ROUEN

### DÉCOR A FOND BLEU LAPIS

121 — Petit vase en ancienne faïence de Rouen à décor polychrome sur fond bleu lapis : fleurs et quadrillés.

Haut., 16 cent.

122 — Petit vase analogue au précédent, mais plus petit ; même faïence.

Haut., 14 cent.

123 — Compotier en ancienne faïence de Rouen à décor polychrome sur fond bleu lapis : fleurs et quadrillés.

Diam., 21 cent.

124 — Petit plat oblong à angles coupés en ancienne faïence de Rouen à décor de branches fleuries polychromes sur fond bleu lapis ; bordure de quadrillés et de fleurettes.

H[illegible]

## FAIENCES DE ROUEN

### DÉCOR BLEU

125 — Grande vasque ovale en ancienne porcelaine de Rouen à décor bleu : au fond, Diane et ses suivantes surprises par Actéon. Lambrequins au pourtour. Base en bronze.

Long. [illegible] Larg. [illegible]

126 — Grand plat en ancienne faïence de Rouen à décor bleu et manganèse : au centre, écusson armorié de gueules à trois écussons d'argent, timbré d'une couronne de marquis, et entouré d'une course de rinceaux ; au marli, lambrequins.

[illegible]

127 — Grand plat en ancienne faïence de Rouen à décor bleu rayonnant : au fond, une large rosace ; au marli, un lambrequin dont les prolongements ornent la chute du plat.

Diam. [illegible]

128 — Grand plat en ancienne faïence de Rouen à décor bleu : au fond, vases de fleurs de style chinois ; au marli, fleurs et rinceaux.

D[illegible]

129 — Grand plat à bords contournés en ancienne faïence de Rouen à décor bleu : au centre, une corbeille de fleurs sur un motif de ferronnerie ; au marli, un lambrequin auquel sont appendues des guirlandes de fleurs ornant la chute.

Diam. [illegible]

130 — Grand plat en ancienne faïence de Rouen à décor bleu rayonnant : au fond, une large rosace : au marli, un lambrequin.

Diam. 54 cent.

131 — Plat ovale en ancienne faïence de Rouen à décor bleu : au fond, une corbeille de fleurs au milieu d'un motif à entrelacs; bordure de lambrequins.

Haut., 39 cent.; larg., 50 cent.

132 — Grand plat en ancienne faïence de Rouen, à décor bleu; au fond, une large rosace avec compartiment de fleurs au centre; au marli, lambrequins.

Diam., 54 cent.

133 — Grand plat en ancienne faïence de Rouen, décor bleu; au centre, une rosace : au marli et à la chute, lambrequins et pendentifs.

Diam., 53 cent.

134 — Grand plat en ancienne faïence de Rouen, à décor bleu; au fond, écusson armorié de prélat; au marli, mascarons et rinceaux.

Diam., 49 cent.

135 — Plat octogone en faïence de Rouen ?, à décor bleu; au fond, écusson armorié soutenu par deux lévriers; lambrequins au marli.

Haut. et larg., 34 cent.

136 — Grand plat oblong à angles coupés en ancienne faïence de Rouen, à décor bleu : au centre, écusson armorié timbré d'une couronne de marquis. Au marli, étroite bordure.

Haut., 47 cent.; larg., 64 cent.

137 — Sucrière balustre sur piédouche et à couvercle ajourée en ancienne faïence de Rouen, à décor bleu de lambrequins et de rinceaux.

Haut., 23 cent.

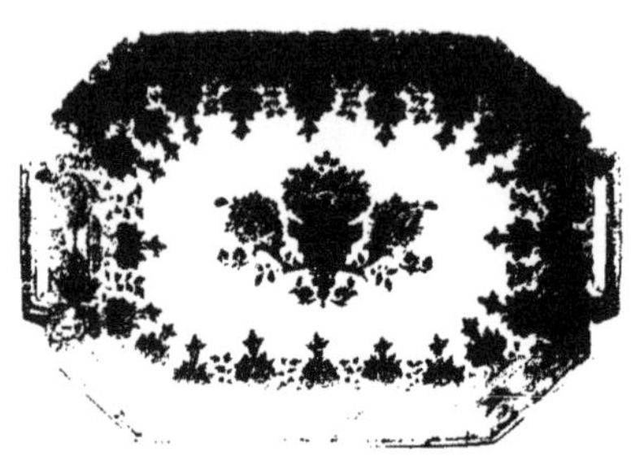

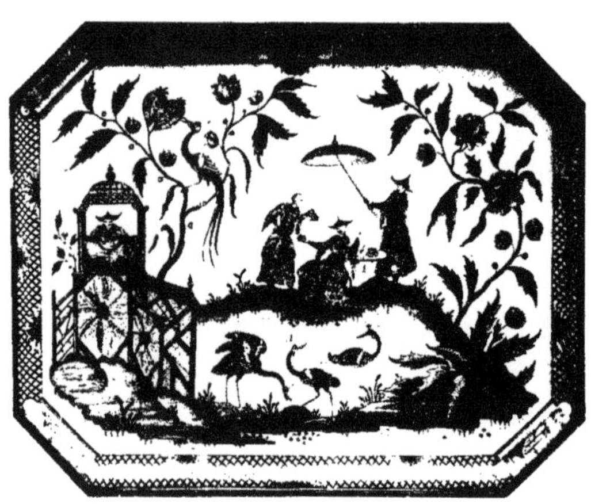

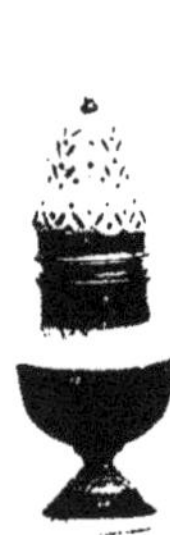

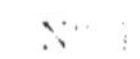

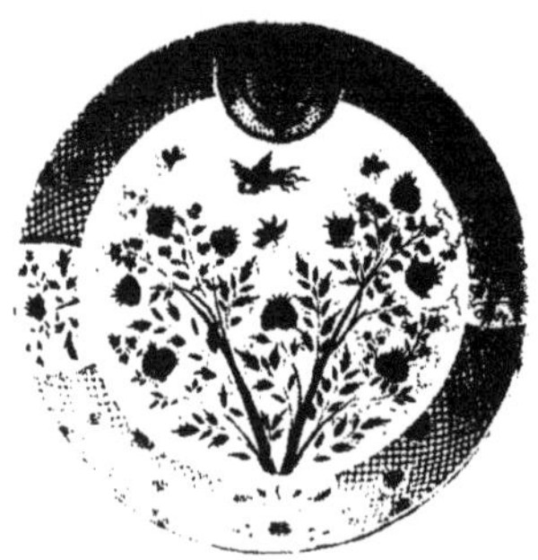

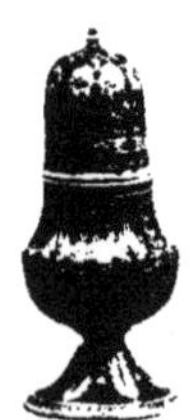

Phototypie Berthaud, Paris.

138 — Sucrière cylindrique à couvercle ajouré en ancienne faïence de Rouen, à décor bleu : lambrequins et fleurettes.

Haut., 37 cent.

139 — Sucrière balustre à couvercle ajouré en ancienne faïence de Rouen, à décor bleu de lambrequins et de guirlandes.

Haut., [illegible]

140 — Deux cornets à huit pans en ancienne faïence de Rouen, à décor bleu : lambrequins et pendentifs.

Haut., 32 cent.

141 — Deux petits supports-appliques pouvant se faire pendants, en ancienne faïence de Rouen, à décor bleu, ornés chacun d'un mascaron et de rinceaux ; l'un deux présente en outre sur les côtés un quadrillé.

Haut., 27 cent., larg., 21 cent.

142 — Hanap-casque en ancienne faïence de Rouen, à décor bleu : lambrequins et rinceaux.

Haut., 28 cent.

143 — Grand cache-pot en ancienne faïence de Rouen, à décor bleu, présentant un double écusson armorié ainsi que des fleurs.

Haut., [illegible]

144 — Cache-pot cylindrique en ancienne faïence de Rouen, décoré en bleu de trois zones étroites d'ornements.

Haut., 15 cent.

145 — Plateau oblong à angles coupés, en ancienne faïence de Rouen, à décor bleu : au fond, couronne de rinceaux ; à la chute, motif de feuillages avec réserves lobées.

Haut., 28 cent., larg., [illegible]

146 — Bannette en ancienne faïence de Rouen, à décor bleu; corbeille de fleurs sur un motif de ferronnerie et lambrequin à fleurs.

Haut., 22 cent ; larg., 32 cent.

147 — Grand compotier en ancienne faïence de Rouen, à décor bleu; au fond, rosace; sur la chute, lambrequin.

Diam., 31 cent.

148 — Compotier en ancienne faïence de Rouen, à décor bleu rayonnant : au fond, une rosace; à la chute, un lambrequin enguirlandé.

Diam., 23 cent.

149 — Couvercle surmonté d'une galerie circulaire composée de dauphins en ancienne faïence de Rouen, à décor bleu.

Diam., 20 cent.

150 — Bannette de forme contournée en ancienne faïence de Rouen, à décor bleu. Au fond, une rosace contenant un oiseau.

Haut., 22 cent ; larg., 37 cent.

151 — Assiette creuse en ancienne faïence de Rouen, à décor bleu : au fond, les armes des Poterat, timbrées d'une couronne de marquis; marli orné d'un lambrequin de guirlandes de fleurs.

Diam., 24 cent.

152 — Assiette en ancienne faïence de Rouen, à décor bleu : au fond, double écusson d'armoiries soutenu par deux lévriers et timbré d'une couronne de marquis; au marli, lambrequins ornés de fruits et de draperies.

Diam., 23 cent.

153 — Assiette en ancienne faïence de Rouen, à décor bleu : au fond, écusson armorié soutenu par deux lions timbré d'une couronne de marquis; lambrequins au marli.

Diam., 24 cent.

*Phototypie Berthaud, Paris.*

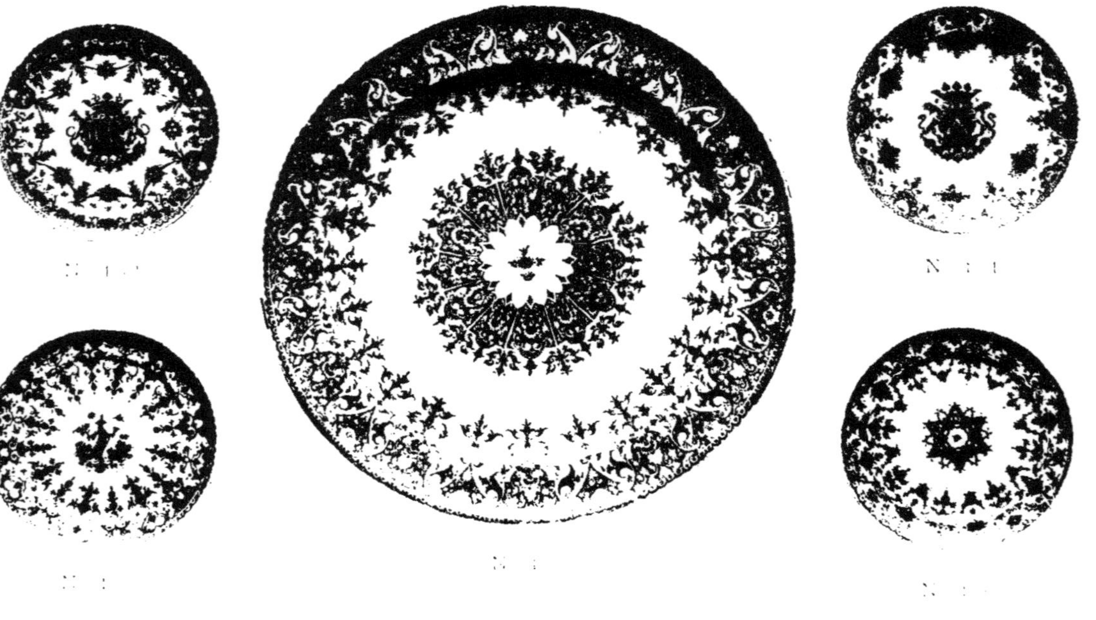

Phototypie Berthaud, Paris.

154 — Deux assiettes en ancienne faïence de Rouen : décor bleu présentant au fond un écusson armorié timbré d'une couronne de comte ; au marli, lambrequins formés de corbeilles de fleurs.

Diam. [illegible] cent.

155 — Assiette en ancienne faïence de Rouen, à décor bleu : au centre, une fleurette ; au marli et sur la chute, lambrequins formés de palmettes et d'un motif de fleurs alternant.

Diam. [illegible] cent.

156 — Assiette en ancienne faïence de Rouen, à décor bleu : au centre, une rosace ; au marli, un lambrequin composé de rinceaux et de guirlandes de fleurs.

Diam. [illegible] cent.

157 — Assiette en ancienne faïence de Rouen, à décor bleu, ornée d'une rosace présentant un oiseau au centre.

Diam. [illegible] cent.

158 — Assiette en ancienne faïence de Rouen, à décor bleu : au centre, personnage de style chinois ; lambrequins au marli et à la chute.

Diam. [illegible] cent.

159 — Assiette en ancienne faïence de Rouen, à décor bleu : au fond, un monogramme ; lambrequins au marli.

Diam. [illegible] cent.

160 — Assiette creuse en ancienne faïence de Rouen, à décor bleu : au centre, une corbeille de fleurs ; marli orné d'un lambrequin.

Diam. [illegible] cent.

161-162 — Deux assiettes creuses à bords festonnés en ancienne faïence de Rouen, à décor bleu : au fond, corbeille de fleurs ; au marli, lambrequin formé de guirlandes et de quadrilles.

Diam. [illegible] cent.

163 — Assiette en ancienne faïence de Rouen, à décor bleu : Saint Barthélemy. Datée 1765.

Diam., 23 cent.

164 — Deux petits plats en ancienne faïence de Rouen, à décor bleu : sujets bibliques. L'un d'eux daté 1790.

Diam., 28 cent.

165 — Petit plat long en ancienne faïence de Rouen, à décor bleu : fleurettes : bordure quadrillée.

Haut., 22 cent., larg., 40 cent.

166 — Deux jardinières-appliques en ancienne faïence de Rouen, à décor bleu.

167 — Deux petits vases en ancienne faïence de Rouen, à décor bleu.

168 — Saucière en ancienne faïence de Rouen, à décor bleu : Chinois et lambrequin.

Long., 20 cent.

169 — Petit soulier en ancienne faïence de Rouen, à décor bleu.

Long., 15 cent.

170 — Tonnelet en ancienne faïence de Rouen, à décor bleu.

Long., 13 cent.

171 — Deux porte-huiliers variés en ancienne faïence de Rouen, à décor bleu.

# FAIENCES DE MOUSTIERS

172 — Grand plat en ancienne faïence de Moustiers, à décor bleu : au fond, des figures allégoriques, des cariatides, des animaux chimériques, des quadrilles et des rinceaux, dans la manière de Bérain ; au marli, bordure de lambrequin.

Diam. : 45 cent.

173 — Plateau de surtout de forme contournée et à bords festonnés en ancienne faïence de Moustiers, à décor bleu : personnages, cariatides, bustes, animaux et rinceaux, d'après Bérain.

Haut. 25 cent. Larg. 34 cent.

174 — Assiette en ancienne faïence de Moustiers, atelier d'Olery, décor polychrome : au centre, triomphe d'Amphitrite, marli orné de guirlandes de fleurs. Marquée au revers.

175 — Assiette en ancienne faïence de Moustiers, atelier d'Olery, décor polychrome : au centre, personnages nus courant ; marli orné de guirlandes de fleurs. Marquée au revers.

176 — Assiette en ancienne faïence de Moustiers, à décor polychrome : au centre, divinité dans un char traîné par un amour ; au marli, fleurs et amours.

177 — Deux assiettes en ancienne faïence de Moustiers, à décor polychrome de fleurs.

178 — Plat à bords contournés en ancienne faïence de Moustiers, à décor orangé : au fond, écusson armorié ; au marli, lambrequin composé de palmettes et de quadrillés.

179 — Saucière en ancienne faïence de Moustiers, à décor polychrome : l'anse affecte la forme d'un canard aux ailes déployées.

Larg. 22 cent.

# FAIENCES DIVERSES

180 — Jardinière à deux compartiments en ancienne faïence de Niederviller à décor polychrome de fleurs ; bordures de quadrillés et de hachures roses et bleues.

Haut., 17 cent.; larg., 20 cent.

181 — Petit vase balustre à anses et sur piédouche en ancienne faïence de Niederviller, décor de fleurs polychromes et de hachures bleues.

Haut., 15 cent.

182 — Assiette en ancienne faïence de Lorraine à décor d'oiseaux dans un paysage ; bordure dorée.

183 — Assiette, même faïence, décor de fleurs avec lambrequins à imbrications et rehauts d'or au marli.

184 — Plat en ancienne faïence de Strasbourg à décor de fleurs.

185 — Statuette en faïence de Nevers du XVII$^{e}$ siècle : Saint Prothais, debout, tenant un livre ; sur la base, on lit : S$^{t}$ Prothais. 1678.

Haut., 67 cent.

186 — Assiette en ancienne faïence de Saint-Omer à décor de fleurs émaillées blanc sur fond gros bleu.

187 — Saladier en ancienne faïence française à décor de paysages.

188 à 190 — Six assiettes en faïence française de l'époque révolutionnaire, à emblèmes variés.

191 à 193 — Environ vingt-huit assiettes en faïence française.

194 — Encrier de forme circulaire en ancienne faïence française à décor polychrome.

195 — Grand plat en faïence italienne du XVII^e^ siècle : le Christ couronné d'épines. Encadré.

196 — Assiette en faïence de Milan, XVIII^e^ siècle, à décor polychrome de fleurs de style japonais.

197 — Plat en faïence italienne du XVII^e^ siècle : écusson armorié de prélat soutenu par deux figures allégoriques. Encadré.

198 — Petit plat à bords contournés en faïence italienne du XVIII^e^ siècle, à décor polychrome : Paysage avec habitations et oiseaux.

199 — Plateau de forme contournée en faïence italienne du XVIII^e^ siècle, à décor de fruits.

200 — Coupe à bords ajourés sur piédouche en ancienne faïence de Savone à décor bleu : Lapin et branchages.

201 — Groupe en faïence italienne du XVIII^e^ siècle : sujet familial.

202 — Pot à eau avec son couvercle, en ancienne faïence du Midi, à décor polychrome de paysages et personnages.

Haut., 25 cent.

203 — Deux cornets en ancienne faïence de Delft, à décor bleu de paysages.

204 — Deux soucoupes variées en faïence, l'une à reflets métalliques.

205 — Plat à bords festonnés en faïence, genre Rouen, à décor polychrome : sujet allégorique. Au marli, fond jaune d'ocre.

206 — Plat creux en faïence genre Moustiers, à décor bleu : personnages, sphynx, quadrillés et rinceaux.

207 — Assiettte en faïence genre Venise; écusson sur fond bleu.

208 — Trois compotiers coquilles en faïence.

209 — Deux petits vases en faïence, décorés d'une armoirie.

## PORCELAINES FRANÇAISES

210 — Statuette en ancienne porcelaine tendre de Chantilly : Paysanne debout vêtue d'un corsage jaune décolleté, d'une jupe verte et d'un tablier à fleurs et portant une hotte.

Haut., 29 cent.

211 — Statuette, pouvant faire pendant à la précédente, en ancienne porcelaine tendre de Chantilly : personnage de style oriental vêtu d'une longue tunique à fleurs et d'une robe à fond vert et portant une hotte.

Haut., 29 cent.

212 — Ravier en forme de bateau en ancienne porcelaine tendre de Chantilly, à décor de style chinois : oiseaux et dragons.

Long., 25 cent.

213 — Flacon en ancienne porcelaine tendre de Chantilly, à décor de branches fleuries de style japonais.

Haut., 17 cent.

214 — Pot à eau avec couvercle en ancienne porcelaine tendre de Chantilly, à décor de fleurs.

Haut., 17 cent.

215 — Petit pot cylindrique en ancienne porcelaine tendre de Chantilly, à décor de fleurs.

Haut., 5 cent.

216 — Deux pots cylindriques avec leurs couvercles en ancienne porcelaine tendre de Mennecy, à décor de fleurs; boutons de couvercles formés d'une rose en ronde bosse.

Haut., 16 cent.

217 — Deux petits cache-pots en ancienne porcelaine de Saint-Cloud, à décor bleu : corbeilles de fruits et de fleurs, branches fleuries et dauphins adossés. Marque P.

Haut., 12 cent.; diam., 13 cent.

218 — Deux petits seaux en ancienne porcelaine tendre blanche de Saint-Cloud, à décor de fleurs, de godrons et de rinceaux en relief.

Haut., 12 cent.

219 — Petit gobelet en ancienne porcelaine tendre de Saint-Cloud à décor de godrons en relief; bordures quadrillées, émaillées bleu.

220 — Présentoir en ancienne porcelaine tendre de Saint-Cloud à décor de godrons en relief; bordure ornée d'un lambrequin émaillé bleu.

221 — Salière en ancienne porcelaine tendre de Saint-Cloud décorée d'une rosace et de lambrequins émaillés bleu.

222 — Bouteille en ancienne porcelaine tendre de Rouen ? à décor bleu; lambrequins au col; motifs composés de rinceaux et de vases sur la panse.

Haut., 18 cent.

223 — Bouteille en ancienne porcelaine tendre de Rouen ? à décor bleu pouvant faire pendant à la précédente; lambrequins au col; motifs composés de vases de fleurs et de rinceaux sur la panse.

Haut., 18 cent.

224 — Deux assiettes en ancienne porcelaine tendre de Vincennes à marli rocaille et décor de fleurs.

225 — Petit pot à crème en ancienne porcelaine tendre de Sèvres à décor de fleurs. Lettre U. 1772.

226 — Petit pot à crème en ancienne porcelaine tendre de Sèvres à décor de fleurs. Lettre X. 1775.

227 — Théière en ancienne porcelaine tendre de Sèvres à décor de fleurs. Lettre T. 1771.

228 — Petit pot à crème en ancienne porcelaine dure de Sèvres à décor de fleurs. Lettre U. 1772.

229 — Aiguière avec bassin en ancienne porcelaine dure de Sèvres à décor de fleurs. Lettres E. E. 1781.

230 — Petit moutardier avec un couvercle en ancienne porcelaine d'Arras à décor bleu.

231 — Deux théières variées, porcelaine de Paris, l'une avec son couvercle.

# PORCELAINES DE LA CHINE

## DU JAPON ET DE LA C^IE DES INDES

232 — Quatre assiettes en ancienne porcelaine de Chine, famille rose, à décor de bouquets de fleurs.

233 — Quinze assiettes creuses en ancienne porcelaine de Chine, famille rose ; décor à la haie fleurie.

234 — Plateau en ancienne porcelaine de Chine, famille rose, assorti aux assiettes précédentes.

235 — Assiette en ancienne porcelaine de Chine, famille verte, aux armes des Bourbons.

236 — Assiette en ancienne porcelaine de Chine à décor de style européen : le Jugement de Pâris.

237 — Petit plat en ancienne porcelaine de Chine à décor de style européen, présentant au fond en grisaille une allégorie du Mariage avec devise latine et écussons armoriés.

238 — Deux assiettes en ancienne porcelaine de Chine, famille rose, à décor de fleurs.

239 — Deux statuettes se faisant pendants en ancienne porcelaine de Chine, famille rose : Personnage debout, le pied appuyé sur un crapaud.

240 — Hanap en porcelaine de Chine, à sujet familial. Monture en étain.

241 — Trois pièces : petite coupe en forme de feuille d'eau avec pied en bois sculpté et deux assiettes à fond doré en porcelaine de Chine.

242 — Sucrier avec couvercle en porcelaine de Chine à décor de sujets familiaux sur fond de rinceaux dorés.

243 — Très petite potiche en ancienne porcelaine de Chine, famille verte, à décor de paysages.

244 — Très petite potiche en ancienne porcelaine de Chine, famille verte, à décor de branches fleuries.

245 — Quatre pièces en porcelaine de Chine : tasse à décor de branches fleuries, petit pot à eau avec son couvercle orné de sujets familiaux, figurine de personnage tenant un éventail et soucoupe à fond doré.

246 — Grand plat creux en ancienne porcelaine du Japon à décor bleu, rouge et or ; au fond, deux femmes assises auprès d'une habitation; au marli, des réserves de fleurs sur fond bleu rehaussé de rinceaux dorés.

Diam., 55 cent.

247 — Grande potiche avec couvercle en ancienne porcelaine du Japon à décor bleu, rouge et or d'arbres fleuris.

248 — Deux cornets en ancienne porcelaine du Japon à décor polychrome : Cavaliers. Monture en bronze.

249 — Trois tasses avec soucoupes en ancienne porcelaine du Japon à décor polychrome de fleurettes.

250 — Pot ovoïde en ancienne porcelaine du Japon à décor bleu, rouge et or : Animaux et fleurs.

251 à 260 — Environ quarante-deux assiettes en ancienne porcelaine du Japon à décors variés.

261 — Deux pièces : petit compotier et couvercle en porcelaine du Japon.

262 — Neuf assiettes en ancienne porcelaine de la Compagnie des Indes, à décor de fleurs.

263 — Assiette creuse en ancienne porcelaine de la Compagnie des Indes, à décor de fleurs.

264 — Deux petits vases en ancienne porcelaine de la Compagnie des Indes, montés en bronze doré en candélabres à trois lumières.

# PORCELAINES DIVERSES

265 — Deux assiettes en ancienne porcelaine tendre de Tournay, décorées chacune d'un paysage en camaïeu rose.

266 — Huit tasses avec leurs soucoupes en ancienne porcelaine tendre de Tournay, à décor de spirales en léger relief et de fleurs, avec hachures émaillées roses et rehaussées de dorures.

267 — Petit groupe en ancienne porcelaine blanche de Saxe : le Petit dénicheur d'oiseaux. Il forme candélabre à deux lumières.

268 — Petit sucrier avec couvercle en ancienne porcelaine de Saxe, à décor de paysages.

269 — Huit tasses avec leurs soucoupes en porcelaine de Furstenberg, à décor bleu et or de fleurs.

270 — Petit sucrier cylindrique en porcelaine d'Allemagne, à décor de fleurs.

271 — Plat long en ancienne porcelaine d'Allemagne, à décor de bouquets de fleurs ; bordure d'entrelacs bleus et dorés.

272 — Statuette de petit Chinois en imitation de porcelaine de Saxe.

273 — Deux petits pots de fleurs en ancienne porcelaine blanche de Venise.

274 — Vase en porcelaine de Worcester à décor de plumes variées.

275 — Cinq pièces : trois couvercles variés en porcelaines diverses, tasse à décor doré de saltimbanques en porcelaine de Worcester et corbeille ajourée.

276 — Trois assiettes en porcelaine à décor de fleurs.

# ÉMAUX

277 — Plaque ronde en émail peint en grisaille avec rehauts d'or, par *Léonard Limousin*. Limoges, milieu du XVI<sup>e</sup> siècle. Signée. Le Combat des Centaures et des Lapithes aux noces d'Hippodamie et de Pirithoüs, d'après la composition du Rosso, gravée par Étienne Delaune. Encadrée.

Diam., 25 cent.

278 — Petite plaque en émail peint attribuée à *Couly II Noylier*: le Christ au mont des Oliviers.

279 — Plateau en émail cloisonné moderne.

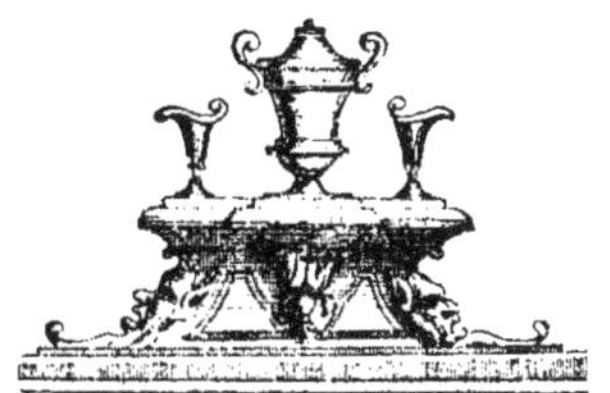

www.ingramcontent.com/pod-product-compliance
Ingram Content Group UK Ltd.
Pitfield, Milton Keynes, MK11 3LW, UK
UKHW020437180726
13839UKWH00004B/1534